W0416570

Chili, Peperoni, Paprika

Die besten Rezepte

Karin Messerli

Chili Peperoni Paprika

Die besten Rezepte

AT Verlag

© 1998
AT Verlag, Aarau, Schweiz
Fotos: Trnka, Zürich
Textredaktion: Pia Messerli, Bern
Lithos: AZ Grafische Betriebe AG, Aarau
Druck und Bindearbeiten: Neue Stalling, Oldenburg
Printed in Germany

ISBN 3-85502-617-3

Inhalt

Vorwort

Peperoni, auch Gemüsepaprika oder kurz Paprika genannt, haben scharfe Konkurrenz bekommen: Chili, das meistverwendete Gewürz der Welt ist gross im Kommen. Inkas, Azteken und Mayas kultivierten und nutzten Chili zum Kochen, zur Steigerung des Wohlbefindens und zu medizinischen Zwecken. Kolumbus schliesslich brachte die kleinen Feurigen aus der Karibik nach Portugal, und durch den Gewürzhandel gelangten sie in den Rest der Welt.

Die Rezepte in diesem Buch sind mit Früchten aus heimischem Anbau ausprobiert. Ausnahmen sind Gerichte aus Asien und Südamerika. Während der Genuss von Peperoni oder Paprika durch nichts getrübt ist, können Chili schon mal für atem(be)raubende Überraschungen sorgen. In der Warenkunde sind Chili und Peperoni bzw. Paprika in mild/warm, mittel und scharf bis sehr scharf eingeteilt. Ich rate Ihnen aber: Fein dosieren und immer wieder probieren! Sie werden feststellen, dass Schärfe nicht immer gleich Schärfe ist. Manchmal ist sie fruchtig, nur auf der Zungenspitze fühlbar, manchmal füllt sie die ganze Mundhöhle. Oder unter einer Handvoll der gleichen Sorte ist einer höllisch scharf – Boden, Sonneneinstrahlung, Wachstumsbedingungen oder langes Kochen spielen dabei eine Rolle. Die Mengen sind aus diesem Grund variabel angegeben. Und im Kapitel Küchenpraxis finden Sie Tips und Tricks, wie sich die Schärfe bezähmen lässt.

Für alle, die einmal damit anfangen, gilt: man kann süchtig werden. Es beginnt damit, dass die Schärfe mehr Genuss als Pein bereitet. Das Wohlbefinden wird vom Körper selbst vermittelt. Um die Schärfe zu «entschärfen», setzt das Gehirn Endorphine frei, Hormone, die ein Glücksgefühl hervorrufen. Und wer wollte dem Glück schon widerstehen?

Karin Messerli

Scharfes Glück

Wussten Sie, dass Schärfe glücklich macht? Unser Körper reagiert auf Schärfe mit Warnsignalen ans Gehirn. Und die dadurch freigesetzten Endorphine lösen Glücksgefühle aus.

Chili und Peperoncini sind zudem ein gutes Antigrippe-Mittel und können bei Reisen in ferne Länder auch schon mal vor Darminfektionen schützen. Das Alkaloid Capsaicin regt Appetit und Kreislauf an, und die schweisstreibende Schärfe beugt bei tropischen Temperaturen einer Überhitzung des Körpers vor.

Schärfe wird in sogenannten Scoville units gemessen nach einem Verfahren, das der Amerikaner Wilbur Scoville entwickelt hat. Auf dieser Skala bringt es ein Cherry-Pepper auf 0 bis 3500, ein Habanero auf 100 000 bis 300 000 Scoville units.

Botanische Vielfalt

Chili und Peperoni bzw. Paprika gehören zur Familie der Nachtschattengewächse, der Solanaceae. Sie bilden zusammen die Gattung Capsicum, die in fünf kultivierte Arten eingeteilt ist. Die am häufigsten angebauten Chilisorten gehören der botanischen Art Capsicum annuum an.

Von den über 200 Sorten und Varietäten ist in der Warenkunde nur ein Teil vorgestellt, und zwar jene Sorten, die bei uns angepflanzt werden und auf den Wochenmärkten erhältlich sind. Inländische Chili und Peperoni/Paprika sind je nach Witterung ab Mitte Juli bis Ende Oktober konsumreif. Zu finden sind vor allem die mild-warmen bis mittelscharfen Sorten. Mit viel Pflege und

gut geschützt gedeihen bei uns aber auch die scharfen Habanero und Rocoto. In sonnenreichen Anbauländern wie in der Karibik wachsen und reifen sie rund ums Jahr. Weil die Nachfrage nach weiteren Sorten zunimmt, werden die Paprikagewächse zudem unter Glas angebaut. Mit Importen aus Holland, den Mittelmeerländern, Asien usw. sind einzelne Sorten das ganze Jahr verfügbar.

Die Vielfalt macht es schwierig, die verschiedenen Sorten von Chili und Peperoni bzw. Paprika nach ihren Namen zu unterscheiden und nach ihrer Schärfe einzuordnen: Denn von jeder gibt es zusätzliche Varietäten, je nach Land oder Region werden sie anders genannt, und durch die Art des Anbaus, des Bodens und der Sonneneinstrahlung entwickeln sich ihr Aussehen und ihre Schärfe unterschiedlich.

Frische Früchte

Mild/Warm

Peperoni oder Paprika ist der allgemeine Begriff für die milden bis mittelscharfen Gemüsesorten. Davon gibt es unzählige Varianten. Die Einteilung nach Schärfegraden ergibt einen ersten Anhaltspunkt, um beim Kochen keine bösen Überraschungen zu erleben. Milde bis mittelscharfe Früchte können untereinander ausgetauscht werden.

Beim Einkauf von frischen Früchten auf feste, schwere und sattglänzende Exemplare achten. Der Stiel sollte grün sein und keine trockenen Stellen aufweisen. Frische Früchte im Plastikbeutel im Gemüsefach aufbewahren. Bei längerem oder unsachgemässem Lagern werden sie schrumpelig-weich und fallen zusammen.

Im Verlauf des Reifeprozesses sind die meisten Früchte zunächst grün und wechseln mit zunehmender Reife die Farbe: von Orange-Grün zu Rot und schliesslich zu Gelb. Die gelben Früchte sind am mildesten, auch ihr Fleisch ist weicher. Die violetten Sorten werden beim Kochen wieder grün.

Grosse feste Früchte eignen sich am besten zum Rösten: Sie werden aromatisch und bekömmlich.

Peperoni/Paprika
grün, gelb, orange, rot, violett

Tomatenpeperoni/Tomatenpaprika (Squash-Peperoni)
grün, gelb, orange, rot

Sweet-Peppers,
Sweet Italian, Dolma,
Cecei
hellgrün bis weisslich

Jalapeño
grün, manchmal rot

Corni di bue (Stierhörner)
hell- bis dunkelgrün, rot

Hungarian
Wax, Holland-Chili
(Dutch Red)
grün, hellgelb, rot

Mittel

Die mittelscharfen Peperoni/Paprika haben keine brennende Schärfe, sondern eine volle Fruchtigkeit, die einen Hauch von Schärfe andeutet. Sie sind im Unterschied zu den mild-warmen Früchten nicht mehr rund, sondern länglich-glatt bis länglich-knorrig.

Diese Sorten sind im Sommer und bis spät in den Herbst auf Wochenmärkten und bei Grossverteilern zu finden. Sie müssen fest und glänzend sein und einen frischen Stiel aufweisen. Sie lassen sich in einem Plastikbeutel im Gemüsefach des Kühlschranks aufbewahren. Zum Trocknen sind sie nicht geeignet.

Je länger diese Sorten reifen können, desto milder werden sie. Ihre Farbe wechselt im Verlauf des Reifeprozesses ebenfalls von Grün zu Rot und von Hellgrün zu Hellorange.

Das Fleisch dieser Früchte ist fest. Sie eignen sich gut zum Füllen, Schmoren und auch zum Rösten. Doch verpasst man dabei leicht den richtigen Garpunkt, und sie werden zu weich und fallen zusammen (zum Essen sind sie aber trotzdem gut). Kleine Exemplare schmecken gut in Essig eingelegt.

Scharf bis sehr scharf

Chili ist der Sammelbegriff für alle scharfen Sorten, die fast nur zum Würzen verwendet werden. Sie alle zu kennen und auseinanderzuhalten gleicht einer Wissenschaft. Je nach Herkunft und Verwendung haben sie andere Namen; so heissen zum Beispiel Habaneros auch Scotch bonnets oder Aji. Und im getrockneten Zustand wechseln sie die Bezeichnung noch einmal.

Für Neueinsteiger sind diese Sorten einfach nur scharf. Mit der Zeit und mit der Gewöhnung lernt der Kenner, die Schärfen deutlich zu differenzieren (aber die laufende Nase und die Schweissperlen auf der Stirn bleiben auch dem «coolsten» Chiliesser nicht erspart): Manchmal entwickelt sich die Schärfe harmlos auf der Zungenspitze, etwas feuriger an den Seiten der Zunge, oder sie explodiert geradezu im Rachen – dann sofort zu Brot, Käse oder Joghurt greifen. Die Schärfe kann sofort wieder verschwinden und in angenehmer Erinnerung bleiben, oder sie ist für Stunden in gleichbleibender Intensität präsent. Auch gibt es Sorten, die gleichzeitig scharf und zitronig sind und deshalb als angenehmer empfunden werden. Hier gibt's nur eines: Ausprobieren!

Für die Verwendung in der Küche gilt: Vorsichtig in kleinsten Mengen dosieren und nicht vergessen, dass sich die Schärfe durchs Kochen noch mehr entwickelt. Scharfe Sorten können gut getrocknet und in Essig oder Öl eingelegt werden.

Die sehr scharfen Chili sollten (wenn in den Rezepten ganz genaue Angaben gemacht werden) nicht beliebig untereinander ausgetauscht werden. Wenn ein Gericht einmal zu scharf ist, kann man höchstens mit Crème fraîche, Joghurt oder geriebenem Käse etwas mildern.

Ornamentals, Cherry-Peppers (Trottolini), Peperoncini grün, rot

Thai-Chili
grün, gelb, rot,
in 3 Grössen;
der kleinste und schärfste ist der Bird's eye chili (Vogelaugenchili)

Rocoto, Habanero
(unglaublich scharf)
hellgrün, gelb, orange bis rot

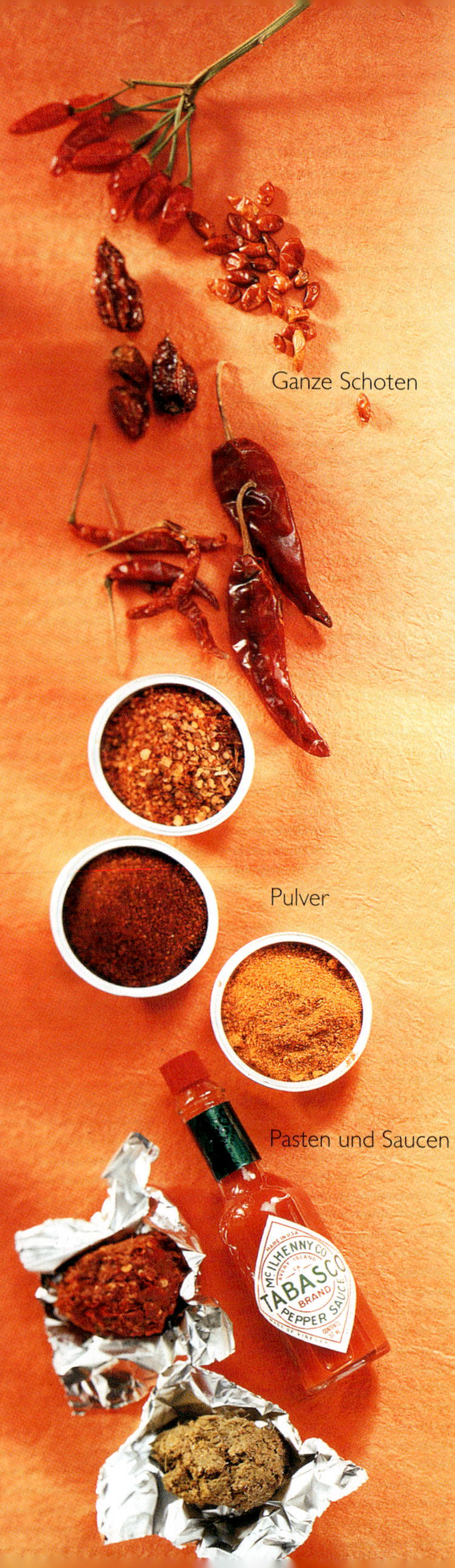

Getrocknete Früchte

Ganze Schoten

Chili und Peperoncini aus Mexiko. Geräuchert und getrocknet erhältlich sind: Ancho-Pepper (getrockneter Poblano), Pasilla-Pepper, Cascabel, Chipotle, Serrano, Pequin, Habanero. Gut verschlossen, an einem trockenen, dunklen Ort ca. 6 Monate haltbar.

Pulver

Verschiedene Cayennepfeffer (auch als Chilipulver bekannt) und Chiliflocken. Gut verschlossen, an einem trockenen, dunklen Ort ca. 6 Monate haltbar.

Pasten

Thai-Curry (rot, grün, gelb), Sambal Oelek und Harissa. Fertig zu kaufen oder selbst gemacht (Rezepte Seite 17, 18 und 25). Im Kühlschrank mehrere Monate haltbar.

Saucen

Tabasco (rot, grün).

Bezugsquellen

◆ Frische Chili und Peperoni/Paprika: Auf Wochenmärkten, z.T. bei Grossverteilern, in italienischen, spanischen, griechischen und türkischen Lebensmittelgeschäften.

◆ Thai-Chili, Habanero, Jalapeño, Pulver, Pasten usw.: In asiatischen und mexikanischen Spezialitätenläden.

◆ Speziell für mexikanische Chilisorten (frisch und getrocknet) und Fachliteratur: BIG CHILI, Marc Hälg, Morgartenstrasse 12, CH-8004 Zürich.

Masseinheiten

Wo nicht anders angegeben, sind die Rezepte für 4 Personen berechnet.

EL	Esslöffel, gestrichen voll
TL	Teelöffel, gestrichen voll
Prise	Menge, die zwischen zwei Fingern Platz hat
ml	Milliliter, 100 ml = 10 cl = 1 dl
50 ml/0,5 dl	ca. 3–4 EL
100 ml/1 dl	ca. 6–7 EL
1 Handvoll	ca. 4 EL, je nach Lebensmittel 10–60 g
1 Ei	ca. 52 g

Entkernen

Peperoni/Paprika, Hungarian Wax, Corni di bue usw.
- Längs halbieren.
- Stielansatz samt Samenherz entfernen.
- Weisse Scheidewände wegschneiden.

Frische Chili, Peperoncini usw.
- Mit Handschuhen arbeiten.
- Längs halbieren.
- Stielansatz samt Samenherz wegschneiden.

Getrocknete Chili, Peperoncini usw.
- Mit Handschuhen arbeiten.
- Stielansatz entfernen.
- Schote aufbrechen, Samen und Scheidewände entfernen.

– Je nach Rezept/Verwendung im Mörser zu Flocken zerstossen, im Cutter puderfein mahlen oder in Flüssigkeit einweichen.

Rösten und enthäuten

Peperoni/Paprika, Hungarian Wax, Corni di bue usw.
Frische Chili, Peperoncini usw.
– Rundum mit Olivenöl bepinseln. Leicht mit Meersalz bestreuen.
– Im Backofen: Nebeneinander auf ein mit Folie belegtes Blech geben.
Im oberen Teil des auf 225 Grad vorgeheizten Backofens rösten.
Peperoni/Paprika ca. 15–30, Chili ca. 10–15 Minuten.
– Auf dem Herd: Mit einer Zange oder Fleischgabel direkt an die offene Gasflamme halten oder in einer Chromstahl- oder Eisenpfanne halb zugedeckt unter Wenden rösten.
– Sobald die Haut Blasen wirft und schwärzliche Stellen aufweist, herausnehmen.
– Mit einem feuchten Tuch zudecken oder in einen Plastikbeutel geben und gut verschlossen auskühlen lassen: Durch die Dampfentwicklung lässt sich die Haut anschliessend problemlos abziehen.

Express-Variante: Grosse Exemplare mit glatter Haut können mit dem Sparschäler enthäutet werden. Allerdings fehlt ihnen dann der typische Röstgeschmack.

Trocknen

Frische Chili, Peperoncini usw.
– Samt Stiel und Blättern zu einem Strauss zusammenbinden. Mit den Stielenden nach oben an einem luftig-warmen Ort trocknen lassen.
– Einzelne Schoten an einer Schnur aufziehen und trocknen lassen.
– Lichtgeschützt aufbewahren.

Tiefkühlen

Frische Chili, Peperoncini usw.
– Ohne Vorbereitung in Tiefkühlbeutel geben und einfrieren.
– Noch gefroren weiterverwenden.
Sie können allerdings nicht mehr enthäutet werden.

Schärfe mildern

– Samen und Scheidewände entfernen.
– Scharfe Sorten rösten: Dadurch wird die Schärfe in Aroma umgewandelt – leicht süsslich mit feinem Röstgeschmack.
– Um die Schärfe vollständig zu nehmen: Getrocknete und frische Chili oder Peperoncini 1 Stunde in Weissweinessig mit Salz (im Verhältnis 3:1) einlegen.
– Sparsam dosieren: Die Schärfe entwickelt sich mit langer Kochzeit.
– Kokosnussmilch, geriebener Käse und vollfette Milchprodukte mildern die Schärfe.
– Kleine, schmale, grüne Sorten sind meistens schärfer als gelbe und rote Exemplare – aber keine Regel ohne Ausnahme. Darum Chiliflocken oder Chiliöl besser separat zum Nachwürzen auf den Tisch stellen.
– Und wenn es doch mal zu scharf wird: Brot, Reis, Süssigkeiten oder Kokosflocken dazu essen. Oder kaltes Bier trinken.

Harissa

Scharfe, rote Sauce

50 g grosse, getrocknete rote Chili
3 grosse rote Peperoni/Paprika
4 Knoblauchzehen, geschält
kaltgepresstes Olivenöl
1 Zitrone, Saft
1 TL Meersalz
1 TL Kümmelsamen
1 TL Koriandersamen
1 TL gemahlener Kreuzkümmel
1 TL getrocknete Minze

◆ Die Chili entkernen (Küchenpraxis Seite 15). In heissem Wasser zugedeckt 1 Stunde quellen lassen.
◆ Die Peperoni/Paprika und den Knoblauch im Backofen rösten (Küchenpraxis Seite 16). Die Peperoni enthäuten, das Fruchtfleisch mit wenig Öl und Zitronensaft beträufeln. Den Knoblauch zerdrücken.
◆ Die Chili gut abtropfen lassen. Mit den Peperoni/Paprika (samt Saft), dem Knoblauch, dem Meersalz und den Gewürzen im Mixer kurz mischen, aber nicht zu fein pürieren. 50 ml Öl langsam dazugiessen, dabei den Mixer laufen lassen.
◆ Die Sauce ist, gut verschlossen, im Kühlschrank 2 Monate haltbar.
◆ Passt zu Couscous, Reisgerichten und zum Marinieren von Geflügel.

Bild Seite 19.

Fruchtig-scharfe Tomatensauce mit Himbeeren

250 g reife Cherrytomaten (Kirschtomaten) am Zweig (Pendolino)
2 rote Zwiebeln
1 Knoblauchzehe, geschält
1 TL Senfkörner
Olivenöl zum Dünsten
3–4 getrocknete Chili oder Peperoncini
1 Lorbeerblatt
1 gute Prise Salz
1 EL Aceto balsamico
250 g Himbeeren

◆ Die Tomaten vom Stiel zupfen und in der Rundung einritzen. Kurz in siedendes Wasser tauchen, kalt abschrecken und enthäuten.
◆ Die Zwiebeln fein hacken. Knoblauch und Senfkörner mit einem grossen Messer zerquetschen. Zwiebeln, Knoblauch und Senfkörner in Öl glasig dünsten. Die Chili oder Peperoncini fein zerreiben. Mit Lorbeer, Salz, Aceto balsamico und den Tomaten dazugeben. Zugedeckt 20 Minuten köcheln lassen.
◆ Die Himbeeren wenn nötig waschen und beifügen. Zugedeckt weitere 20 Minuten köcheln lassen. Das Lorbeerblatt entfernen. Die Sauce kalt oder warm servieren.
◆ Passt zu Siedfleisch, hellem Geflügel, Lammfleisch, Käsegerichten und Couscous.

Variante:
Gelbe Cherrytomaten verwenden.

Sambal Oelek

10–12 rote Chili
1 kleine Zwiebel, fein gehackt
2 Knoblauchzehen, geschält
1 EL Rohzucker
1 TL fein abgeriebene Zitronenschale
2 TL Salz
2 EL Wasser
2–3 EL Sonnenblumenöl
1 Zitrone oder Limone, Saft
120 ml Wasser

◆ Den Stielansatz der Chili entfernen, die Chili in Ringe schneiden. Mit Zwiebel, Knoblauch, Zucker, Zitronenschale, Salz und Wasser im Mörser zu einer Paste zerstossen. Im Öl bei mittlerer Hitze unter Wenden 10 Minuten dünsten. Zitronen- oder Limonensaft und Wasser nach und nach dazugiessen. Einkochen. Nach Belieben nochmals im Mörser fein zerstossen.
◆ In einem gut verschlossenen Glas im Kühlschrank aufbewahren.
◆ Passt zu Reisgerichten und zum Würzen von Suppen.

Rouille

1 roter Peperoncino
2 Knoblauchzehen, geschält
2 Eigelb, Raumtemperatur
1 TL Senf
1 EL frisch gepresster Zitronensaft
¼ TL Cayennepfeffer
150 ml kaltgepresstes Olivenöl
100 ml Maiskeimöl
Salz, Pfeffer

◆ Den Peperoncino entkernen (Küchenpraxis Seite 15). Mit dem Knoblauch im Mörser zu einer Paste mischen. Eigelb, Senf, Zitronensaft und Cayennepfeffer beifügen. Das Öl tropfenweise unter Rühren dazugeben, bis die Mischung bindet. Dann das restliche Öl in feinem Faden unter Rühren dazugiessen. Mit Salz und Pfeffer abschmecken.
◆ Passt zu Bouillabaisse und grilliertem Fisch.

Peperoncini-Pesto

2 Knoblauchknollen
Olivenöl
4–6 getrocknete Peperoncini
3 EL Pinienkerne (35 g)
¼ Bund Basilikum
150 g Parmesan, frisch gerieben
50 ml kaltgepresstes Olivenöl
Salz, Pfeffer

◆ Die Knoblauchknollen waagrecht halbieren. Die Schnittflächen mit Öl bestreichen. Die halbierten Knollen in Folie wickeln und in der Mitte des auf 200 Grad vorgeheizten Backofens 40–50 Minuten backen.
◆ Die Peperoncini entkernen (Küchenpraxis Seite 15) und ohne Fett leicht rösten. In heissem Wasser 20 Minuten quellen lassen. Die Pinienkerne ohne Fett rösten.
◆ Den Knoblauch aus der Schale drücken. Mit den gut ausgepressten Peperoncini, den Pinienkernen und Basilikumblättchen im Mörser oder Cutter zu einer Paste mischen.
◆ Parmesan und Öl nach und nach daruntermischen. Mit Salz und Pfeffer abschmecken.
◆ Passt zu Fisch, Pasta, Suppen und Gemüse-Eintöpfen.

Harissa, Rezept Seite 17

Guacamole

Mexikanischer Dip

2 sehr reife Avocados, vorzugsweise die dunklen Hass-Avocados
1 Limone, Saft
1 kleine weisse Zwiebel
Salz
2 Tomaten
2–3 grüne Chili
2–3 Korianderzweige
Pfeffer
einige Tropfen Tabasco

◆ Die Avocados halbieren und die Steine herauslösen. Einen Stein waschen und beiseite legen. Das Fruchtfleisch mit einer Gabel in eine Schüssel schaben. Sofort mit Limonensaft beträufeln und mischen.
◆ Die Zwiebel fein hacken. Mit wenig Salz bestreuen, in ein Sieb geben und 10 Minuten stehen lassen.
◆ Die Tomaten in der Rundung einritzen. Kurz in siedendes Wasser tauchen, kalt abschrecken und enthäuten. Halbieren, entkernen und in kleine Würfel schneiden. Die gehackte Zwiebel kurz ins siedende Wasser halten und dann gut abtropfen lassen.
◆ Die Chili entkernen (Küchenpraxis Seite 15) und fein schneiden. Den Koriander fein hacken. Alle Zutaten mischen. Mit Salz, Pfeffer und Tabasco abschmecken. Anrichten und den beiseitegelegten Avocadostein in die Mitte setzen – er verhindert das Verfärben.
◆ Dazu passen Tortilla Chips.

Chiliessig

1 Einmachglas von ½ Liter Inhalt

150 g grüne Chili oder kleine Peperoncini
250–300 ml Apfelessig

◆ Die ganzen Chili oder Peperoncini in das gut gereinigte Einmachglas füllen. Den Essig einmal aufkochen und darübergiessen, bis die Chili oder Peperoncini mit Flüssigkeit bedeckt sind. Sofort verschliessen und an einem kühlen, dunklen Ort 2 Monate ziehen lassen.
◆ Den Chiliessig zum Würzen oder Abschmecken verwenden. Die eingelegten Chili oder Peperoncini zu Siedfleisch, Käsegerichten usw. servieren.

Chiliöl

12–16 getrocknete Chili oder Peperoncini
½ l Olivenöl

◆ Die Chili oder Peperoncini samt Samen im Mörser fein zerreiben. Im Öl unter Rühren langsam erwärmen. Auskühlen lassen und in eine Flasche füllen.
◆ Zum Würzen von Pasta, Gemüsesuppen (Minestrone), Pizza, Fladenbroten oder zum Marinieren von Fleisch und Fisch.

Chiliöl

Mojo Picón

Scharfe, rote Sauce

1–2 rote Peperoncini
1 getrockneter roter Peperoncino
4–5 EL Rotweinessig
8 Knoblauchzehen, fein gehackt
¼ TL Meersalz
½ TL Kreuzkümmelsamen
2–3 Zweige Thymian
2–3 Zweige Oregano
2 Zweige glattblättrige Petersilie
½ TL Paprikapulver
120–150 ml kaltgepresstes Olivenöl

◆ Die frischen und getrockneten Peperoncini entkernen (Küchenpraxis Seite 15). Im Essig 10 Minuten ziehen lassen.
◆ Den Knoblauch mit Meersalz, Kreuzkümmel und den Kräuterblättchen im Mörser oder Cutter zu einer Paste mischen. Die Peperoncini aus dem Essig nehmen und fein hacken. Beifügen und ebenfalls pastenähnlich mischen. Paprika und Öl darunterrühren. Den restlichen Essig untermischen.
◆ Passt gut zu neuen Kartoffeln: Kartoffeln im Dampf garen, dann im Topf ohne Fett mindestens 10 Minuten ausdampfen lassen, bis die Schale trocken ist.

Peperoni-Pickles

3–4 Einmachgläser von jeweils ½ Liter Inhalt

250 g Okras
7–8 gemischte Peperoni/Paprika, z.B. Corni di bue, Hungarian Wax oder Cecei
je 2 grosse gelbe und rote Peperoni/Paprika
1,2 l Weissweinessig
700 ml Wasser
8 EL Meersalz
ca. 16 Knoblauchzehen, geschält
1 Bund Dill
3–4 Dillblüten
50 g gelbe Senfkörner

◆ Die Stiele der Okras zurückschneiden, ohne dabei das Deckelchen zu entfernen. Die Peperoni/Paprika je nach Grösse längs vierteln, die grossen gelben und roten Früchte achteln und entkernen (Küchenpraxis Seite 15).
◆ Die gut gereinigten Einmachgläser im heissen Wasserbad 15 Minuten erhitzen und darin stehen lassen.
◆ Essig, Wasser und Meersalz in einem weiten Topf aufkochen. Die Okras, die Peperoni/Paprika und den Knoblauch darin separat knapp weich kochen. Das Gemüse ohne Kochflüssigkeit zusammen mit Dillspitzen, Dillblüten und Senfkörnern in die Gläser verteilen.
◆ Die Kochflüssigkeit aufkochen, siedendheiss in die Gläser giessen, so dass diese randvoll sind, und sofort verschliessen. Im 80 Grad heissen Wasserbad 15 Minuten erhitzen (ab dem Zeitpunkt gerechnet, wenn Bläschen im Glas aufsteigen). Herausnehmen und zugedeckt auskühlen lassen.
◆ Die Pickles sind, an einem kühlen, dunklen Ort aufbewahrt, ca. 2 Monate haltbar. Offene Gläser im Kühlschrank aufbewahren.

Peperoni-Pickles

Sizilianisches Peperonipüree

ca. 1,2 kg gemischte Peperoni/Paprika, z.B. Corni di bue, Hungarian Wax, rote und gelbe Tomatenpeperoni/Tomatenpaprika
5–10 Peperoncini
3 Knoblauchzehen, geschält
3 EL Meersalz
½ l italienischer Weissweinessig
60 g Kapern, abgetropft
ca. 150 ml kaltgepresstes Olivenöl

◆ Am Vortag die Peperoni/Paprika entkernen (Küchenpraxis Seite 15) und in grobe Stücke schneiden. Die Peperoncini in Ringe schneiden. Mit dem Knoblauch, 2 EL Meersalz und dem Essig in eine Schüssel geben und mischen. Zugedeckt bei Raumtemperatur 24 Stunden ziehen lassen. Ab und zu umrühren.
◆ Am folgenden Tag die Gemüsemischung in ein Sieb geben und gut abtropfen lassen. Zusammen mit den Kapern durch den Fleischwolf drehen oder fein hacken. Das Püree wenn nötig mit dem restlichen Meersalz abschmecken. Das Öl daruntermischen. In gut gereinigte Einmachgläser füllen und verschliessen.
◆ Das Püree ist, an einem kühlen, dunklen Ort aufbewahrt, 1 Jahr haltbar. Ab und zu etwas Öl nachfüllen, damit das Püree bedeckt bleibt.
◆ Passt zu Siedfleisch, Käse- und Fleischfondue.

Würziger Sherry

5 grüne Peperoncini
3 Nelken
1 Vanillestengel, längs aufgeschlitzt
500–600 ml trockener Sherry

◆ Die Peperoncini im Backofen oder auf dem Herd rösten und anschliessend entkernen (Küchenpraxis Seite 15). Mit den Nelken und dem Vanillestengel in die Sherry-Flasche geben. 1 Monat ziehen lassen.
◆ Zum Abschmecken von asiatischen Gerichten, zum Marinieren von Fisch und gegen Erkältungen.

Pepper-Butter

1 Ancho-Chili (getrockneter Poblano) oder Pasilla-Chili
1–2 getrocknete Chili
200 g Süssrahmbutter, weich

◆ Den Ancho- oder Pasilla-Chili und den getrockneten Chili im Mörser oder Cutter puderfein mahlen. Mit der Butter verrühren. Mit Hilfe von Folie oder Pergamentpapier zu einer Rolle formen, einwickeln und kalt stellen.
◆ Die Pepper-Butter kurz vor dem Servieren in Scheiben schneiden und auf Eis anrichten.
◆ Passt zu Kartoffeln in der Schale, Maisgerichten und Muffins (Rezept Seite 30).

Thai-Curry-Paste

Rote Currypaste

12–15 getrocknete rote Thai-Chili
ca. 2 cm frischer grüner Ingwer
2 Stengel Zitronengras
1 Limone, Schale
1 Schalotte
3 Knoblauchzehen, geschält
10 Korianderwurzeln oder 16–18 Korianderstengel
10 schwarze Pfefferkörner
je ¼ TL Koriander- und Kreuzkümmelsamen
1 TL gemahlene Kurkuma (Turmeric)
¼ TL gemahlener Zimt
1 TL Crevettenpaste
Salz
2–3 EL Maiskeimöl

Grüne Currypaste

8–10 grüne Thai-Chili
1 cm Galgantwurzel
2 Stengel Zitronengras
3–4 Kaffirlimonenblätter
2 Kaffirlimonen, Schale
2 Schalotten
3 Knoblauchzehen, geschält
3 Kardamomkapseln, Samen
½ TL Koriandersamen
8 schwarze Pfefferkörner
¼ TL frisch geriebene Muskatnuss
¼ TL Macis (Muskatblüte)
2 TL Crevettenpaste
1 Handvoll zarte Spinatblätter
2 EL Kokosnuss- oder Maiskeimöl

◆ Die frischen Zutaten sehr fein schneiden. Schalotten und Knoblauch in kleine Würfel schneiden.
◆ Die Gewürzsamen und -körner mit einem grossen Messer zerquetschen.
◆ Die getrockneten Chili in heissem Wasser 20 Minuten quellen lassen. Abtropfen, entkernen (Küchenpraxis Seite 15) und fein hacken.
◆ Alle Zutaten im Mörser oder Cutter zu einer Paste mischen.
◆ Die Currypaste ist, gut verschlossen, im Kühlschrank ca. 3 Wochen haltbar. Eventuell portionenweise tiefkühlen und noch gefroren weiterverwenden.
◆ Die rote Thai-Curry-Paste passt zu Fisch, Krustentieren, hellem und dunklem Fleisch.
◆ Die grüne Thai-Curry-Paste passt zu hellem Fleisch, Geflügel und ist Grundlage der typischen Thai-Suppen.

Mildere Variante:
Mit den grünen Thai-Chili wird die Paste sehr scharf. Mit grünen Peperoncini etwas milder.

Peperoncini sott'olio

500 g rote und grüne Peperoncini
5 Knoblauchzehen
wenig Aceto balsamico
2–3 Zweige glattblättrige Petersilie
Olivenöl

◆ Die Stiele der Peperoncini bis zum Ansatz zurückschneiden. Die Peperoncini und den Knoblauch im Backofen rösten (Küchenpraxis Seite 16). Den Knoblauch schälen und in Scheiben schneiden. Die Peperoncini mit dem Knoblauch, dem Aceto balsamico und den Petersilienblättchen lagenweise in ein gut gereinigtes Einmachglas geben. Mit Öl aufgiessen. Verschliessen und im Kühlschrank 3–4 Tage ziehen lassen.
◆ Die Peperoncini sind ca. 2 Wochen haltbar.
◆ Das Öl zum Würzen oder Marinieren weiterverwenden.

Variante:
Auf die gleiche Art lassen sich Peperoni/Paprika zubereiten.

Antipasto mit Peperoni

6–8 Peperoni/Paprika, z.B. Corni di bue oder Tomatenpeperoni/Tomatenpaprika
2–3 Knoblauchzehen
1 Zweig Krauseminze oder Oregano
grob gemahlener schwarzer Pfeffer

Marinade:
1 Peperoncino
120 ml Weissweinessig
3 EL Olivenöl
2 frische Lorbeerblätter

◆ Die Peperoni/Paprika und den Knoblauch im Backofen oder auf dem Herd rösten (Küchenpraxis Seite 16). Die Peperoni enthäuten und in breite Streifen schneiden, dabei den Saft auffangen. Den Knoblauch schälen und in Scheiben schneiden.
◆ Die Kräuterblättchen in Stücke zupfen. Die Peperoni samt Saft, dem Knoblauch und den Kräuterblättchen in ein flaches Gefäss geben.
◆ Für die Marinade den Peperoncino samt Samen in Ringe schneiden. Mit Essig, Öl und Lorbeer aufkochen. Noch heiss über die Peperoni/Paprika giessen. Pfeffer darübermahlen. Zugedeckt im Kühlschrank 1 Tag ziehen lassen.
◆ Dazu passen Focaccia und Ciabatta (italienisches Weissbrot).

Konfetti-Pizza, Rezept Seite 29

Mozzarella-Brot-Spiess

2–3 verschiedenfarbige Peperoni/Paprika
2 festfleischige Tomaten
1–2 kleine Ciabatte (italienisches Weissbrot) oder Baguettes, ca. 150 g
ca. 450 g Mozzarella
Chiliöl (Rezept Seite 20)
Salz

75 g Butter
8 Sardellenfilets, abgetropft
grob gemahlener Pfeffer
glattblättrige Petersilie

◆ Die Peperoni/Paprika im Backofen oder auf dem Herd rösten (Küchenpraxis Seite 16). Enthäuten und längs vierteln. Tomaten, Brot und Mozzarella in etwa 1 cm dicke Scheiben schneiden. Abwechselnd mit den Peperoni/Paprika auf 4–8 Spiesse stecken. Mit etwas Öl bepinseln und leicht salzen. In der Mitte des auf 200 Grad vorgeheizten Backofens 15–20 Minuten backen.
◆ Die Butter aufschäumen. Die Sardellenfilets beifügen, unter Rühren schmelzen, mit Pfeffer und Petersilienblättchen würzen. Zu den Spiessen servieren.

Peperonibrot

2 Peperoni/Paprika, z.B. Hungarian Wax
1 weisse Zwiebel
Olivenöl zum Braten
wenig Mehl für das Blech

Teig:
500 g Zopfmehl oder 400 g Weissmehl und 100 g helles Dinkelmehl
1 EL Trockenhefe
1 TL Rosmarin- oder Lavendelhonig
300 ml Wasser, lauwarm
2 EL Olivenöl
1 TL Salz

◆ Für den Teig das Mehl in eine Schüssel geben. In die Mitte eine Vertiefung drücken. Die Hefe, den Honig und 100 ml Wasser hineingeben. Mit etwas Mehl vom Rand vermischen und zu einem dickflüssigen Teig verrühren. Wenig Mehl darüberstäuben und zugedeckt bei Raumtemperatur gehen lassen, bis sich Risse zeigen.
◆ Die Peperoni/Paprika entkernen (Küchenpraxis Seite 15) und in kleine Würfel schneiden. Die Zwiebel in Ringe schneiden. Beides zusammen in Öl bei grosser Hitze rührbraten. Auf Haushaltpapier abtropfen lassen. Mit dem restlichen Wasser, dem Öl und Salz zum Mehl geben und zu einem geschmeidigen Teig zusammenfügen. Von Hand kneten, bis der Teig elastisch ist. Zu einer Kugel formen und zugedeckt bei Raumtemperatur auf das Doppelte aufgehen lassen.
◆ Den Teig nochmals durchkneten, zu einem länglichen Brot formen und mehrmals quer einschneiden. Auf ein mit Mehl bestäubtes Blech setzen und 30 Minuten gehen lassen.
◆ In der Mitte des auf 200 Grad vorgeheizten Backofens ca. 40 Minuten backen.

Konfetti-Pizza

Für 2 Personen

Je 1 roter, grüner und gelber Peperone/Paprika
2–3 Chili, z.B. Cherry-Peppers (Trottolini)
Oliven- oder Chiliöl (Rezept Seite 20)
zum Braten und Backen
100 g Mozzarelline, abgetropft
300 g Pizzateig, fertig gekauft oder selbst
gemacht (Rezept Pissaladière, Seite 49,
½ Menge)
4 EL frisch geriebener Parmesan

◆ Die Peperoni und Chili entkernen (Küchenpraxis Seite 15) und in kleine Würfel schneiden. In Öl bei grosser Hitze rührbraten. Herausnehmen und beiseite stellen.
◆ Die Mozzarelline vierteln. Den Teig in zwei Portionen teilen und gleichmässig dünn rund ausziehen. In einer beschichteten Pfanne in Öl bei kleiner Hitze beidseitig backen. Mit den Peperoni/Paprika, Chili und Mozzarelline belegen, Parmesan darüberstreuen und die Pizze kurz unter dem Grill überbacken. Heiss servieren.

Bild Seite 26.

Frittata

3 Hungarian Wax
2 kleine Corni di bue
1 weisse Zwiebel
Olivenöl zum Braten
Meersalz
6 Eier
3–4 EL Mineralwasser
Paprikapulver, wenig Pfeffer
4 Scheiben Parmaschinken
2 Zweige glattblättrige Petersilie

◆ Die Peperoni/Paprika entkernen (Küchenpraxis Seite 15) und in breite Streifen schneiden. Die Zwiebel in feine Ringe schneiden. Beides in Öl unter Wenden leicht braten. Salzen und zugedeckt bei kleinster Hitze knapp weich schmoren.
◆ Die Eier mit dem Mineralwasser verrühren. Mit Meersalz, Paprika und Pfeffer abschmecken. Zum Gemüse giessen und bei kleiner Hitze stocken lassen.
◆ Den Parmaschinken in Streifen schneiden. Mit den Petersilienblättchen und etwas Öl mischen. Unter dem Grill oder in der Bratpfanne knusprig braten. Kurz vor dem Servieren über die Frittata streuen.

Schärfere Variante:
Statt Paprikapulver Chiliflocken oder Cayennepfeffer verwenden.

Knusprige Peperoniringe

3–4 Peperoni/Paprika, z.B. Corni di bue oder Hungarian Wax
150 g Maismehl
50 g Weissmehl
Salz, Pfeffer, Paprikapulver
400 ml Buttermilch nature
Erdnussöl zum Fritieren

Sauce:
1 kleine Dose gehackte, geschälte Tomaten (230 g)
2 eingelegte getrocknete Tomaten, fein geschnitten
1 kleine weisse Zwiebel, fein gerieben
4–5 getrocknete Peperoncini oder Chili, in Flocken
Salz, Pfeffer

◆ Für die Sauce alle Zutaten mischen und würzen. Zugedeckt im Kühlschrank ziehen lassen.
◆ Den Stielansatz der Peperoni/Paprika keilförmig herausschneiden. Die Samen herausschaben. Die Früchte in 2 cm breite Ringe schneiden.
◆ Das Mehl mit Salz, Pfeffer und Paprika mischen. Die Peperoni-/Paprikaringe portionenweise in der Mehlmischung, dann in Buttermilch und nochmals im Mehl wenden. Im 180 Grad heissen Öl goldgelb ausbacken. Auf Haushaltpapier abtropfen lassen. Die Sauce dazu servieren.

Tip:
Damit das Mehl besser haften bleibt, die Peperoni-/Paprikaringe zuerst in verquirltem Eiweiss wenden.

Variante:
Eine reife Avocado pürieren und unter die Sauce rühren.

Bild gegenüber.

Muffins

Für 12 Stück

Butter und Mehl für das Blech
6–8 Peperoncini
200 g Maismehl
200 g Weissmehl
50 g Maiskörner
2 EL Backpulver
100 g gemahlener Rohzucker
½ TL Salz
150 ml Milch oder Rahm
2 Eier
4 EL Maiskeimöl
2 EL Akazienhonig

◆ Ein Muffinblech ausbuttern und mit Mehl bestäuben. Kalt stellen.
◆ Die Peperoncini entkernen (Küchenpraxis Seite 15) und in kleine Würfel schneiden.
◆ Das Mehl mit den Maiskörnern, dem Backpulver, Zucker und Salz mischen. Milch oder Rahm mit den Eiern, dem Öl und Honig verquirlen. Nach und nach unter Rühren zum Mehl geben und zu einem Teig vermischen.
◆ Dreiviertel hoch in die Vertiefungen des Muffinblechs verteilen. In der Mitte des auf 200 Grad vorgeheizten Backofens 20–25 Minuten backen.
◆ Passt zu Schaf- oder Ziegenkäse.

Knusprige Peperoniringe

Maisbrot

2–3 leere 400-g-Konservendosen oder eine Cakeform von 25 cm Länge

Butter und feiner Maisgriess zum Fetten und Ausstreuen
1 rote Zwiebel
Butter zum Dünsten
250 g Maismehl
100 g Weissmehl
150 g verschiedenfarbige Peperoni/Paprika, in kleine Würfel geschnitten
2 TL Salz
¼ TL frisch gemahlener Pfeffer
2 TL Backpulver
2 Eier
¼ l Buttermilch nature
25 g Butter, flüssig, ausgekühlt

◆ Die Konservendosen gut ausspülen und trocknen lassen. Die Konservendosen oder die Cakeform ausbuttern und mit Griess ausstreuen. Kalt stellen.
◆ Die Zwiebel fein hacken und in Butter glasig dünsten. Beiseite stellen.
◆ Das Mehl mit den Peperoni/Paprika, Salz, Pfeffer und Backpulver mischen. Die Eier mit der Buttermilch und der flüssigen Butter verquirlen. Nach und nach unter Rühren zum Mehl geben und zu einem Teig vermischen. Dreiviertel hoch in die Konservendosen verteilen oder in die Cakeform füllen. Im unteren Teil des auf 200 Grad vorgeheizten Backofens 50–60 Minuten backen. Aus der Form stürzen und lauwarm servieren.
◆ Dazu passt Pepper-Butter (Rezept Seite 24).

Bild gegenüber.

Peperonistreifen mit Tacos

Ca. 1 kg gemischte Peperoni/Paprika, z.B. Corni di bue und Tomatenpeperoni/-paprika
1–2 Peperoncini
1 weisse Zwiebel
Olivenöl zum Dünsten
Salz
4 EL Crème fraîche oder Doppelrahm

Tacos oder Tortilla Chips und wenig frisch geriebener Cheddar zum Servieren

◆ Die Peperoni/Paprika im Backofen oder auf dem Herd rösten (Küchenpraxis Seite 16), enthäuten und in breite Streifen schneiden, dabei den Saft auffangen.
◆ Die Zwiebel halbieren und in Scheiben schneiden. Im nicht zu heissen Öl unter Wenden 5 Minuten dünsten. Die Peperoni/Paprika samt Saft beifügen. Nach Bedarf mit Salz abschmecken. Weitere 5 Minuten dünsten. Crème fraîche oder Doppelrahm dazugeben und etwas einkochen lassen.
◆ Mit Tacos oder Tortilla Chips und Cheddar servieren.

Maisbrot

Bruschetta mit Peperoni

1 roter Peperone/Paprika
1 kleiner roter Peperoncino
1 Bundzwiebel
2 Knoblauchzehen
1 TL getrockneter Oregano
½ TL Kreuzkümmelsamen
Salz

4 Scheiben Brot, z.B. Ciabatta (italienisches Weissbrot)
Olivenöl zum Rösten

◆ Peperone/Paprika und Peperoncino entkernen (Küchenpraxis Seite 15) und fein hacken. Zwiebel und Knoblauch ebenfalls fein hacken. Zusammen mit den Gewürzen im Cutter zu einer Paste mischen. In einer beschichteten Pfanne unter Rühren 2–3 Minuten erhitzen.
◆ Das Brot kreuzweise einritzen. Wenig Öl darüberträufeln. Auf einer Seite mit dem Peperonipüree bestreichen. Mit dieser Seite nach unten auf dem Grill bei schwacher Glut oder auf einem heissen Blech im auf 200 Grad vorgeheizten Backofen 2–3 Minuten grillieren. Heiss servieren.

Würzige Eier

4–6 Eier, hartgekocht

Gewürzmischung:
2–3 getrocknete Peperoncini
1 EL Kreuzkümmelsamen
1 TL Koriandersamen
2 TL Meersalz

◆ Die Eier schälen und längs halbieren.
◆ Für die Gewürzmischung alle Zutaten im Cutter mahlen. Über die Eier streuen.

Gefüllte Peperoni

8–12 kleine Peperoni/Paprika, z.B. Hungarian Wax, Cecei, Corni di bue oder Jalapeño
16–24 Mozzarelline, abgetropft
2 Eier
½ TL Salz
¼ TL Chiliflocken
200 g feinster Maisgriess oder Hartweizendunst
Erdnussöl zum Fritieren

◆ Den Stielansatz der Peperoni/Paprika keilförmig herausschneiden und beiseite legen. Die Samen herausschaben. Die Mozzarelline halbieren und in die Peperoni/Paprika verteilen. Die beiseitegelegten Deckel wieder hineindrücken und mit Zahnstochern fixieren.
◆ Die Eier mit dem Salz und den Chiliflocken verquirlen. Die gefüllten Peperoni/Paprika im Ei, dann im Griess oder Dunst wenden. Im 180 Grad heissen Öl unter Wenden goldgelb ausbacken. Auf Haushaltpapier abtropfen lassen. Warm servieren.

Variante:
Statt Mozzarelline Schafskäsewürfel verwenden.

Gefüllte Peperoni

Brotsalat

ca. 800 g gemischte Peperoni/Paprika,
z.B. Corni di bue, Hungarian Wax und rote Peperoni/Paprika
4 Knoblauchzehen, geschält
ca. 600 g Cherrytomaten (Kirschtomaten)
150 g altbackenes Olivenbrot
4–5 EL Wasser, heiss
3–4 Zweige Basilikum

Sauce:
5–6 EL kaltgepresstes Olivenöl
3 EL Rotweinessig
1 EL Aceto balsamico
schwarzer Pfeffer
Salz

◆ Die Peperoni/Paprika und den Knoblauch im Backofen oder auf dem Herd rösten (Küchenpraxis Seite 16). Die Peperoni in breite Streifen schneiden, dabei den Saft auffangen. Den Knoblauch zerdrücken.
◆ Die Tomaten kurz in siedendes Wasser tauchen, kalt abschrecken und enthäuten. Je nach Grösse halbieren oder ganz lassen. Mit den noch warmen Peperoni/Paprika samt Saft und dem Knoblauch mischen. Zugedeckt ziehen lassen.
◆ Das Brot in Scheiben schneiden und leicht rösten. Mit Wasser beträufeln und quellen lassen.
◆ Für die Sauce alle Zutaten verrühren und mit Salz abschmecken. Kurz vor dem Servieren mit dem Brot und dem Gemüse mischen. Das Basilikum in Stücke zupfen und darüberstreuen.

Marokkanischer Peperonisalat

2 Auberginen
Meersalz
2–3 rote Peperoni/Paprika
3 Knoblauchzehen, geschält
Olivenöl zum Braten
1 TL Kreuzkümmelsamen
1 TL Paprikapulver
Chiliflocken
5 EL Wasser
3 EL frisch gepresster Zitronensaft

◆ Die Auberginen in Scheiben schneiden und leicht salzen. Auf Haushaltpapier Saft ziehen lassen. Trockentupfen. Auberginen, Peperoni/Paprika und Knoblauch im Backofen oder auf dem Herd rösten (Küchenpraxis Seite 16). Die Peperoni in breite Streifen schneiden, dabei den Saft auffangen. Den Knoblauch zerdrücken.
◆ Auberginen, Peperoni/Paprika und Knoblauch im Öl 1–2 Minuten rührbraten. Würzen, mit dem aufgefangenen Saft, dem Wasser und Zitronensaft ablöschen. Nach Bedarf mit Salz abschmecken. Lauwarm servieren.

Gelbe-Peperoni-Suppe, Rezept Seite 38

Gelbe-Peperoni-Suppe

6–8 grosse gelbe Peperoni/Paprika
600–700 ml Hühnerfond, fertig gekauft oder selbst gemacht
1 Zweig Basilikum
Olivenöl zum Braten

◆ Die Peperoni/Paprika im Backofen oder auf dem Herd rösten (Küchenpraxis Seite 16). Enthäuten, halbieren, dabei den Saft auffangen, und entkernen (Küchenpraxis Seite 15). Samt Saft im Mixer pürieren.
◆ Den Hühnerfond aufkochen und das Peperoni-/Paprikapüree unter Rühren beifügen. Nach Bedarf abschmecken. Die Basilikumblätter im Öl knusprig braten und über die Suppe streuen.
◆ Für selbstgemachten Hühnerfond ein Coquelet (Stubenküken) mit einem Bund Suppengrün in einen Topf geben. Knapp mit Wasser bedecken und zugedeckt aufkochen. Rund 1 Stunde ziehen lassen. Dann absieben und erkalten lassen.

Schärfere Variante:
Chiliöl (Rezept Seite 20) über die angerichtete Suppe träufeln.

Kalte Suppenvariante:
2 Kartoffeln in Scheiben schneiden. Mit den Peperoni/Paprika rösten und pürieren. Das Püree unter den eisgekühlten Hühnerfond rühren und die Suppe kalt servieren.

Bild Seite 36.

Kalte Peperonisuppe

3–4 rote Peperoni/Paprika, z.B. Tomatenpeperoni/-paprika
3–4 reife Fleischtomaten
1 Schalotte
1 Knoblauchzehe, geschält
Olivenöl zum Dünsten
300 ml Hühnerfond, selbst gemacht (siehe Rezept links)
200 ml Wasser
½ Blondorange, abgeriebene Schale und Saft
3–4 Dillblüten oder Dillzweige
Salz, Pfeffer
2–3 EL Aceto balsamico

Croûtons:
4–6 Scheiben Ciabatta (italienisches Weissbrot)
2 TL Fenchelsamen
1 TL Kreuzkümmelsamen
Chiliflocken

◆ Die Peperoni/Paprika entkernen und im Backofen rösten (Küchenpraxis Seite 15, 16). In Schnitze oder Streifen schneiden. Die Tomaten waagrecht halbieren und entkernen.
◆ Schalotte und Knoblauch fein hacken. Im Öl glasig dünsten. Das Gemüse beifügen. Dann den Hühnerfond, das Wasser, Orangenschale, Orangensaft, Dill, Salz und Pfeffer dazugeben. 20 Minuten offen köcheln lassen. Den Dill entfernen, die Suppe im Mixer pürieren und mit Aceto balsamico abschmecken. Zugedeckt kalt stellen.
◆ Für die Croûtons das Brot in Würfel schneiden. Fenchelsamen, Kreuzkümmel und Chiliflocken ohne Fett rösten. Im Cutter fein mahlen und wenig Salz beifügen. Die Brotwürfel in wenig Öl, dann im Gewürzgemisch wenden. In einer beschichteten Bratpfanne goldgelb rösten. Zur Suppe servieren.

Gazpacho

Ca. 100 g Baguette, ohne Kruste
2–3 rote Peperoni/Paprika
3 reife Fleischtomaten
1 weisse Zwiebel
1 Knoblauchzehe, geschält
2 EL Olivenöl
3–4 EL Sherry-Essig
Salz, Pfeffer

Beilagen:
grüne und rote Peperoni/Paprika, in kleine Würfel geschnitten
weisse Zwiebel, fein gehackt
Salatgurke, in kleine Würfel geschnitten
Eier, hartgekocht, fein gehackt
grüne Oliven, fein geschnitten
geröstete Croûtons (Rezept Kalte Peperonisuppe, Seite 38)

◆ Das Brot in Wasser quellen lassen, dann gut ausdrücken. Das Gemüse fein schneiden, den Knoblauch durchpressen. Zusammen mit dem Brot im Mixer pürieren. Mit Öl, Essig, Salz und Pfeffer abschmecken. Zugedeckt kalt stellen.
◆ Das Gemüsepüree mit Eiswasser zur gewünschten Konsistenz verdünnen. Mit den Beilagen servieren.

Variante:
Statt rohe geröstete Peperoni/Paprika (Küchenpraxis Seite 16) verwenden.

Crevettensuppe

2 Stengel Zitronengras
4–5 Schalotten, fein gehackt
600 ml Kokosnussmilch
1–2 TL rote Thai-Curry-Paste (Rezept Seite 25)
2 EL Fischsauce (Nam pla)
½ Limone, Saft
1 TL Palm- oder Rohzucker
einige Tropfen Tamarindensaft
500 g Crevettenschwänze, geschält
2–3 rote Chili
2–3 frische Zitronenblätter
1 Korianderzweig

◆ Das Zitronengras und die Schalotten fein schneiden. In einer weiten Kasserolle 300 ml Kokosnussmilch aufkochen. Zitronengras und Schalotten beifügen und 1 Minute köcheln lassen. Die restliche Kokosnussmilch mit der Currypaste, der Fischsauce, dem Limonensaft, Zucker und Tamarindensaft mischen und unter Rühren dazugiessen. Die Crevetten dazugeben und bei kleiner Hitze köcheln lassen, bis sie rot werden.
◆ Die Chili entkernen (Küchenpraxis Seite 15) und in feine Streifen schneiden. Die Zitronenblätter satt aufrollen und sehr fein schneiden. Kurz vor dem Servieren zusammen mit Korianderblättchen über die Suppe streuen.

Variante:
Statt Crevetten Pouletbrustfilet fein schneiden und in der Suppe ziehen lassen.

Spicy Chicken

12–16 Pouletunterschenkel

Marinade:
2–3 rote Chili
1 kleine Schalotte, fein gehackt
12 Pimentkörner (Nelkenpfeffer)
1 TL Meersalz
3 EL Chili- oder Kürbiskernöl
1 Limone, Saft

◆ Für die Marinade die Chili entkernen (Küchenpraxis Seite 15) und fein hacken. Mit den übrigen Zutaten im Cutter zu einer Paste mischen.
◆ Die Pouletschenkel mit einem scharfen Messer zwei- bis dreimal bis auf den Knochen einschneiden. Mit der Paste bestreichen und zugedeckt im Kühlschrank über Nacht marinieren.
◆ Die Pouletschenkel nebeneinander auf ein mit Folie belegtes Blech legen. Im oberen Teil des auf 225 Grad vorgeheizten Backofens unter Wenden 20–25 Minuten backen. Heiss servieren.

Tip:
Im Sommer auf dem Grill bei schwacher Glut braten.

Variante:
Pouletflügel oder andere Pouletteile auf die gleiche Art zubereiten.

Knusprige Pouletsticks

12–16 Pouletunterschenkel
½ l Buttermilch nature
Öl zum Fritieren

Panade:
100 g Weissmehl
75 g Maismehl oder feinster Maisgriess
2–3 EL Chiliflocken
1 TL Meersalz
reichlich frisch gemahlener Pfeffer

◆ Für die Panade alle Zutaten mischen.
◆ Die Pouletschenkel mit Haushaltpapier trockentupfen. In der Panade, dann in Buttermilch und nochmals in der Panade wenden. Im 180 Grad heissen Öl goldgelb backen. Auf ein mit Haushaltpapier belegtes Blech geben und im auf 180 Grad vorgeheizten Backofen 10 Minuten ziehen lassen.
◆ Dazu passen Mais oder Pommes frites mit Ketchup.

Peperoni-Filet-Spiess, Rezept Seite 44

Gebratene Crevetten mit Kokosnuss

3–4 grüne Peperoncini oder Jalapeños
1 roter Peperone/Paprika
3 Knoblauchzehen, geschält
3 Bundzwiebeln
600 g Crevettenschwänze, geschält
Bratbutter zum Braten
Salz
50 ml Fischfond
200 ml Doppelrahm
1 EL Limonensaft
60 g Kokoschips oder -raspel
Korianderzweige

◆ Die Peperoncini und die Peperone/Paprika entkernen (Küchenpraxis Seite 15) und fein schneiden. Knoblauch und Zwiebeln fein hacken.
◆ Die Crevetten in Bratbutter unter Wenden braten. Herausnehmen, würzen und zugedeckt warm stellen. Das Gemüse im verbliebenen Bratfett unter Rühren weich dünsten. Mit dem Fischfond ablöschen. Den Doppelrahm beifügen und sämig köcheln. Mit Limonensaft und Salz abschmecken.
◆ Die Crevetten in die Sauce geben und mit Kokoschips oder -raspeln bestreuen. Mit wenig Korianderblättchen garnieren und sofort servieren.
◆ Dazu passt Duftreis.

Bild gegenüber.

Ceviche mit Thunfisch

400 g frisches Thunfischfilet
1 reife kleine Mango
1 reife kleine Ananas
1–2 Korianderzweige

Marinade:
4–6 Thai-Chili
1–2 kleine Schalotten
1 kleine Knoblauchzehe, geschält
200 ml frisch gepresster Limonensaft
Meersalz, Pfeffer

◆ Für die Marinade Chili, Schalotten und Knoblauch sehr fein hacken. Mit Limonensaft, Salz und Pfeffer abschmecken.
◆ Den Thunfisch im Tiefkühler 20–30 Minuten anfrieren. Dann mit einem scharfen Messer in hauchdünne Scheiben schneiden. Leicht überlappend auf Tellern anrichten. Mit Limonensaft beträufeln und mit der Chilimischung bestreuen. Zugedeckt im Kühlschrank 2–4 Stunden ziehen lassen.
◆ Kurz vor dem Servieren Mango und Ananas in mundgerechte Stücke schneiden. Im Wok rührbraten, leicht salzen und mit Korianderblättchen bestreuen. Warm zum Thunfisch servieren.

Gebratene Crevetten mit Kokosnuss

Rindfleisch japanische Art

500 g mageres Rindfleisch, geschnetzelt
1 roter oder schwarzer Rettich, geschält
Salz, Pfeffer
Erdnussöl zum Braten

Marinade:
3–4 grüne Chili
2–3 Bundzwiebeln
1 Knoblauchzehe, geschält
wenig Sesamöl zum Dünsten
100 ml Sherry medium dry
4–5 EL Sojasauce
1 EL Melasse

◆ Für die Marinade die Chili entkernen (Küchenpraxis Seite 15) und in feine Streifen schneiden. Zwiebeln und Knoblauch fein hacken. Mit dem Chili im Öl unter Wenden glasig dünsten. Mit dem Sherry ablöschen, Sojasauce und Melasse beifügen. Auskühlen lassen.
◆ Das Fleisch mit Haushaltpapier trockentupfen. Mit der Marinade mischen und zugedeckt im Kühlschrank 4 Stunden marinieren.
◆ Den Rettich längs halbieren und in Stücke schneiden. Das Fleisch aus der Marinade nehmen, trockentupfen und würzen. Im Öl portionenweise unter Wenden braten. Den Rettich dazugeben, mitbraten und mit der Marinade ablöschen. Zugedeckt bei kleinster Hitze 10–15 Minuten köcheln lassen. Nach Bedarf abschmecken.
◆ Dazu passen Basmatireis oder Reisnudeln.

Peperoni-Filet-Spiess

1 Schweinsfilet, ca. 600 g
2–3 EL Chiliöl (Rezept Seite 20)
2–3 verschiedenfarbige Peperoni/Paprika
Salz, Pfeffer
8 Scheiben Frühstücksspeck

◆ Das Schweinsfilet in 8 gleich dicke Stücke schneiden. Mit Chiliöl bestreichen und zugedeckt im Kühlschrank 2–3 Stunden ziehen lassen.
◆ Die Peperoni/Paprika im Backofen oder auf dem Herd rösten (Küchenpraxis Seite 16), enthäuten und längs vierteln.
◆ Das Fleisch mit Haushaltpapier trockentupfen und würzen. Abwechselnd mit den Peperoni-/Paprikastücken und dem Speck auf Spiesse stecken. Auf dem Grill bei schwacher Glut oder in der Grillpfanne unter Wenden langsam braten.
◆ Dazu Harissa (Rezept Seite 17) oder eine andere scharfe Chilisauce servieren.

Bild Seite 40.

Rindfleischsalat mit Gemüse

300 g Entrecôte am Stück
Salz, Pfeffer
Erdnussöl zum Braten
100 g feine Bohnen, blanchiert
4–6 Baby-Maiskolben, blanchiert
100 g frische Sojasprossen, blanchiert
1 kleiner Chinakohl
1 kleiner Lattich
1 kleine Dose Bambussprossen
1 Limone, Saft
wenig Sesamöl
2–4 Thai-Chili

◆ Das Entrecôte würzen. Im Öl beidseitig 3 Minuten scharf anbraten. In Folie wickeln und auskühlen lassen. Die Bohnen und Maiskolben in Stücke schneiden. Die Sojasprossen verlesen. Das Gemüse im verbliebenen Bratfett kurz schwenken.

◆ Entrecôte, Chinakohl und Lattich in Streifen schneiden. Mit dem restlichen Gemüse, den Bambussprossen, dem Limonensaft und Öl mischen. Zugedeckt 15 Minuten ziehen lassen.

◆ Die Chili bis zum Stielansatz längs halbieren, so dass sie aber noch zusammenhalten. Entkernen und beide Hälften nochmals zwei- bis dreimal einschneiden. In Eiswasser legen, bis die feinen Streifen sich kräuseln. Den Salat damit garnieren.

Spareribs mit scharfer Glasur

Ca. 2 kg Spareribs vom Schwein oder Lamm

Glasur:
¼ l helle Sojasauce
5 EL Hoisin-Sauce
5 EL trockener Sherry
3 EL Sesamöl
2–3 EL Rohzucker
2–3 TL Chiliflocken oder 1 EL Sambal Oelek (Rezept Seite 18)
3 Knoblauchzehen, durchgepresst

◆ Für die Glasur alle Zutaten im Cutter zu einer Paste mischen.

◆ Die Spareribs mit Haushaltpapier trockentupfen. Mit der Glasur bestreichen. Bei Raumtemperatur 3 Stunden oder im Kühlschrank über Nacht marinieren.

◆ Unter dem Grill im Backofen oder auf dem Grill bei schwacher Glut unter Wenden 30–40 Minuten braten.

◆ Die restliche Marinade als Sauce dazu servieren.

Chili con carne

Je 1 roter und gelber Peperone/Paprika
4–6 grüne Peperoncini oder Cherry-Peppers (Trottolini)
1 Gemüsezwiebel (ca. 250 g)
1–2 Knoblauchzehen
600 g Rindfleisch, z.B. Huft, in kleine Würfel geschnitten
Salz, Pfeffer
Erdnussöl zum Braten
1–2 TL Chiliflocken
½ TL gemahlener Kreuzkümmel
½ l Bier

◆ Die Peperoni/Paprika und Peperoncini entkernen (Küchenpraxis Seite 15) und in Würfel schneiden. Die Zwiebel halbieren und in Scheiben schneiden. Den Knoblauch durchpressen.
◆ Das Fleisch mit Haushaltpapier trockentupfen und würzen. Im Öl portionenweise unter Wenden kräftig anbraten. Herausnehmen und zugedeckt beiseite stellen.
◆ Das Gemüse im verbliebenen Bratfett bei mittlerer Hitze andünsten. Die Gewürze darüberstreuen, mit Bier ablöschen und aufkochen. Das Fleisch beifügen und zugedeckt 40 Minuten schmoren. Nach Bedarf noch etwas Wasser beifügen.
◆ Dazu passen frische Maiskolben oder warmer Bohnensalat.

Bild gegenüber.

Pissaladière

1 Blech von 40 x 30 cm

Teig:
300 g Mehl
1 ½ TL Trockenhefe
150–200 ml Wasser, lauwarm
2 EL Oliven- oder Chiliöl (Rezept Seite 20)
¾ TL Salz

Belag:
5–6 rote Peperoni/Paprika
2 Knoblauchzehen
Olivenöl zum Dünsten
ca. 75 g Sardellenfilets, abgetropft
50 g schwarze Oliven
1 TL Herbes de Provençe

◆ Für den Teig das Mehl in eine Schüssel geben. In die Mitte eine Vertiefung drücken. Die Hefe und 150 ml Wasser hineingeben. Mit etwas Mehl vom Rand zu einem dickflüssigen Teig verrühren. Wenig Mehl darüberstäuben und zugedeckt bei Raumtemperatur gehen lassen, bis sich Risse zeigen.
◆ Das restliche Wasser, Öl und Salz zum Mehl geben und alles zu einem geschmeidigen Teig zusammenfügen. Von Hand kneten, bis der Teig elastisch ist. Zu einer Kugel formen und zugedeckt bei Raumtemperatur auf das Doppelte aufgehen lassen oder in einen Plastikbeutel geben und über Nacht im Kühlschrank gehen lassen.
◆ Für den Belag die Peperoni/Paprika im Backofen oder auf dem Herd rösten (Küchenpraxis Seite 16), enthäuten und in feine Streifen schneiden. Den Knoblauch fein hacken und im Öl glasig dünsten. Die Peperoni/Paprika beifügen und 10 Minuten dünsten. Auskühlen lassen.
◆ Den Teig auswallen, auf einem Blech auslegen und den Boden dicht einstechen. Peperoni/Paprika, Sardellen und Oliven darauf verteilen. Mit Herbes de Provençe bestreuen. In der Mitte des auf 200 Grad vorgeheizten Backofens 30–35 Minuten backen. Heiss servieren.

Tip:
Den Teig im voraus zubereiten und tiefkühlen. Den Teig kneten, zu einer Kugel formen, sofort in einen Tiefkühlbeutel geben und einfrieren. Vor der Verwendung über Nacht im Kühlschrank auftauen lassen. Nach Rezept formen und belegen.

Peperoni abbruzzese

12 Corni di bue
4–6 Peperoncini
3–4 Knoblauchzehen
Salz, Pfeffer, Oregano
Olivenöl

◆ Die Peperoni/Paprika und Peperoncini entkernen (Küchenpraxis Seite 15). Die Peperoncini in feine Streifen schneiden und den Knoblauch fein hacken. In die Peperoni/Paprika streuen. Würzen und Öl darüberträufeln.
◆ In der Mitte des auf 200 Grad vorgeheizten Backofens 15–20 Minuten garen. Heiss oder lauwarm servieren.

Tagliatelle mit Peperonigemüse, Rezept Seite 51

Peperonata

6–8 Peperoni/Paprika, z.B. Hungarian Wax oder Corni di bue
2 rote Zwiebeln
6 Knoblauchzehen, geschält
Olivenöl zum Dünsten
1 Zweig Oregano
Salz, Pfeffer
Aceto balsamico
100 g schwarze Oliven, entsteint
Basilikum

◆ Die Stiele der Peperoni/Paprika bis zum Ansatz zurückschneiden. Die Zwiebeln in Ringe schneiden. Den Knoblauch im Öl dünsten, bis er leicht Farbe annimmt. Zwiebeln und Peperoni/Paprika beifügen. Die abgezupften Oreganoblättchen darüberstreuen. Das Gemüse halb zugedeckt bei kleiner Hitze 30–40 Minuten braten, bis es sehr weich ist. Einmal wenden. Mit Salz, Pfeffer und Aceto balsamcio abschmecken.
◆ Die Oliven und Basilikumblättchen darüberstreuen.
◆ Passt zu Grilladen und gebratenem Mais.

Clafoutis mit Peperoni und Tomaten

3 rote Peperoni/Paprika
100 g Toastbrot, ohne Kruste
ca. ½ l Milch
400 g Tomaten
4 Schalotten
2 Knoblauchzehen
Olivenöl zum Dünsten und Fetten
Salz, Pfeffer
2–3 Zweige Kräuter, z.B. glattblättrige Petersilie, Basilikum, Thymian, gehackt
2–3 EL Chilisauce
3 Eier

◆ Die Peperoni/Paprika im Backofen oder auf dem Herd rösten (siehe Küchenpraxis Seite 16), enthäuten und in Streifen schneiden, dabei den Saft auffangen.
Das Brot in der Milch quellen lassen.
◆ Die Tomaten kurz in siedendes Wasser tauchen, kalt abschrecken und enthäuten. Halbieren, entkernen und in Schnitze schneiden.
◆ Schalotten und Knoblauch fein hacken. Im Öl glasig dünsten. Die Peperoni/Paprika samt Saft und die Tomaten beifügen und unter Wenden leicht braten. Mit Salz, Pfeffer, Kräutern und Chilisauce kräftig abschmecken. Auskühlen lassen.
◆ Das Brot ausdrücken und mit den Eiern glattrühren. Unter das Gemüse mischen. Die Masse in eine gefettete ofenfeste Form geben und in der Mitte des auf 200 Grad vorgeheizten Backofens 30–40 Minuten backen.

Würzige Linsen

3–4 rote Chili
1 kleine rote Zwiebel
1 kleines Stück Ingwerwurzel, geschält
4 Knoblauchzehen, geschält
1 EL Kreuzkümmelsamen
2 TL gemahlene Kurkuma (Turmeric)
Sonnenblumenöl zum Dünsten
250 g rote Linsen
500–600 ml Gemüsebouillon
1 Limone, Saft
Salz, Pfeffer

◆ Die Chili entkernen (Küchenpraxis Seite 15). Mit Zwiebel, Ingwer und Knoblauch hacken oder im Mörser zu einer Paste zerstossen. Die Gewürze beifügen und mischen.
◆ Die Gewürzpaste im Öl unter Wenden dünsten, bis sie fein duftet. Die Linsen dazustreuen und mit der Bouillon ablöschen. Bei kleiner Hitze 15–20 Minuten köcheln lassen. Mit Limonensaft, Salz und Pfeffer abschmecken.
◆ Passt zu grilliertem Lamm.

Tagliatelle mit Peperonigemüse

6–8 kleine verschiedenfarbige Peperoni/Paprika
2–3 Knoblauchzehen, geschält
Chiliöl (Rezept Seite 20)
400 g grüne Tagliatelle
2–3 Peperoncini
getrockneter wilder Majoran (Dost) oder Oregano
Pfeffer
frisch geriebener Parmesan zum Servieren

◆ Die Peperoni/Paprika im Backofen oder auf dem Herd rösten (Küchenpraxis Seite 16), enthäuten und je nach Grösse halbieren oder in breite Streifen schneiden.
◆ Den Knoblauch in Scheiben schneiden und im Öl goldgelb braten.
◆ Die Tagliatelle mit den Peperoncini in siedendem Salzwasser al dente garen. Abgiessen und im Öl wenden. Mit Majoran oder Oregano und Pfeffer würzen.
◆ Mit Parmesan servieren.

Bild Seite 48.

Risotto

1 l Hühnerbouillon
6 grüne Peperoncini oder Jalapeños
1 Bundzwiebel
1 Knoblauchzehe
Butter und Olivenöl zum Dünsten
350 g Risottoreis, z.B. Arborio
150 ml trockener Weisswein
50 g Butter
100 g frisch geriebener Parmesan und Fontina, gemischt

◆ Die Bouillon aufkochen und warm stellen. Die Peperoncini oder Jalapeños entkernen (Küchenpraxis Seite 15) und fein schneiden. Zwiebel und Knoblauch fein hacken.
◆ In etwas Butter und Olivenöl glasig dünsten. Den Reis dazustreuen und mitdünsten. Mit dem Wein ablöschen und einkochen. ¼ der heissen Bouillon dazugiessen und unter Rühren fast vollständig einkochen lassen. Die restliche Bouillon nach und nach beifügen, dabei öfter rühren. Den Risotto bei kleiner Hitze 20–30 Minuten al dente garen.
◆ Von der Herdplatte ziehen. Butter und Käse daruntermischen und sofort servieren.

Schärfere Variante:
Nach Belieben etwas Chiliöl (Rezept Seite 20) darüberträufeln.

Süsskartoffelpüree mit «heisser» Butter

4–5 mittelgrosse Süsskartoffeln
Butter zum Wärmen
Chiliflocken oder Cayennepfeffer
½ TL gemahlener Koriander
½ Orange, abgeriebene Schale
2–3 EL Crème fraîche
Salz

Würzbutter:
50 g Butter
3–4 grüne Chili
1 TL schwarze Senfkörner
4–5 Kardamomkapseln, gequetscht

◆ Die Süsskartoffeln mit einer Gabel rundum mehrmals einstechen. In der Mitte des auf 200 Grad vorgeheizten Backofens backen, bis sie weich sind. Herausnehmen und leicht auskühlen lassen.
◆ Längs halbieren und direkt aus der Schale in etwas erwärmte Butter schaben. Mit den Gewürzen, der Orangenschale, Crème fraîche und Salz abschmecken. Warm halten.
◆ Für die Würzbutter die Butter einmal aufschäumen lassen. Feste Bestandteile entfernen (klären). Die Chili und Gewürze beifügen und 1–2 Minuten erwärmen, bis die Senfkörner aufspringen. Unter das Kartoffelpüree mischen und sofort servieren.

Anmerkung:
Die Gewürze werden nur zum Aromatisieren verwendet. Nach Belieben vor dem Untermischen aus der Butter entfernen.

Neue Kartöffelchen mit grünen Chili

1 kg kleinste neue Kartoffeln
Olivenöl zum Braten
½ Zitrone, Saft
Salz, Pfeffer

Dressing:
3–4 grüne Chili
1 kleine Schalotte
2–3 Zweige Koriander
250 g Schafsjoghurt
1 EL Tahini (Sesammus aus dem Reformhaus)
1 EL gemahlener Kreuzkümmel
Salz, Pfeffer
wenig flüssiger Honig

◆ Die Kartoffeln mit der Gemüsebürste unter fliessendem kaltem Wasser bürsten. Grössere halbieren. Zugedeckt im Dampf knapp weich kochen. Mit Öl und Zitronensaft mischen und mit Salz und Pfeffer würzen. Auf ein mit Backpapier belegtes Blech geben. Unter dem heissen Grill unter Wenden braten, bis die Schale knusprig ist. Leicht auskühlen lassen.
◆ Für das Dressing die Chili entkernen (Küchenpraxis Seite 15). Schalotte und Korianderblättchen fein hacken. Alle Zutaten vermengen. Mit Salz, Pfeffer und Honig abschmecken. Sofort mit den Kartoffeln mischen.

Spicy Fries

Würzige Pommes frites

800 g Kartoffeln, z.B. Désirée, Christa
Öl zum Fritieren

Würzmischung:
4 EL Kreuzkümmel, geröstet
3 EL gemahlener Paprika
2–3 TL Chiliflocken
1 EL gemahlener Koriander
2 EL feines Meersalz
reichlich frisch gemahlener Pfeffer

◆ Die Kartoffeln schälen, kalt spülen. In 1 cm dicke und 5 cm lange Stengel schneiden. Unter fliessendem kaltem Wasser gründlich spülen und in einem sauberen Küchentuch gut trocknen.
◆ Für die Würzmischung alle Zutaten in den Cutter geben und fein mahlen.
◆ Genügend Öl in der Friteuse auf 160–170 Grad erhitzen. Die Pommes frites darin portionenweise 4–5 Minuten vorbacken. Herausnehmen und auf Haushaltpapier abtropfen lassen.
◆ Kurz vor dem Servieren das Öl auf 180 Grad erhitzen. Die Pommes frites portionenweise goldgelb und knusprig ausbacken. Mit 3–4 Esslöffeln der Gewürzmischung bestreuen und heiss servieren.

Tip:
Übriggebliebene Gewürzmischung in einem gut verschlossenen Glas aufbewahren. Für Apéro-Nüsse verwenden (Nüsse mit etwas verklopftem Eiweiss mischen, dann in der Gewürzmischung wenden. Im 225 Grad heissen Backofen golden backen).

Schnellere Variante:
Tiefgekühlte Pommes frites verwenden. Sie sind schon vorgebacken und brauchen nur noch nach Anweisung auf der Packung goldgelb ausgebacken und mit der Würzmischung bestreut zu werden.

Peperoni mit Ei

2 gelbe oder rote Peperoni/Paprika, ca. 450 g
Olivenöl zum Bestreichen und Dünsten
4 grosse Scheiben Olivenbrot oder Ciabatta
2 mittelgrosse Tomaten
Salz, Pfeffer, Chiliflocken
einige Basilikumblätter, fein geschnitten
4 frische Eier
wenig frisch geriebener Parmesan

◆ Ein Blech in die Mitte des Backofens schieben und auf 175 Grad vorheizen.
◆ Den Stiel der Peperoni/Paprika bis zum Ansatz sorgfältig wegschneiden. Dann die Früchte quer halbieren, Samen und weisse Scheidewände entfernen und das Fruchtfleisch mit Öl bestreichen. Mit der Öffnung nach oben auf je 1 Scheibe Brot setzen. Aufs heisse Blech geben und 10–15 Minuten backen.
◆ Die Tomaten kurz in siedendes Wasser tauchen, kalt abschrecken, enthäuten und halbieren. Entkernen und in feine Würfel schneiden. Im Öl unter Wenden kurz dünsten, würzen.
◆ Die Tomatenwürfel in die heissen Peperoni/Paprika verteilen. Die Eier einzeln aufschlagen und jeweils eins in jede Peperonihälfte gleiten lassen. Mit Parmesan bestreuen. Mit Folie bedecken und in der Mitte des auf 125 Grad zurückgestellten Backofens 15–20 Minuten stocken lassen. Sofort servieren.

Gemüse-Curry

4 weisse oder violette Auberginen
2 gelbe Auberginen
4–6 Baby-Maiskolben
100 g Thai-Bohnen
1–2 Bambussprossen
1–2 EL grüne oder rote Thai-Curry-Paste (Rezept Seite 25)
Maiskeimöl zum Dünsten
¼ l Kokosnussmilch
4 Zitronenblätter
1–2 EL helle Sojasauce
1 TL Palm- oder Rohzucker
1–2 rote Chili
Purpurbasilikum

◆ Von den Auberginen den Stielansatz entfernen, die Früchte in Würfel schneiden oder vierteln. Die Maiskolben längs halbieren. Die Bohnen in ca. 3 cm lange Stücke schneiden. Die Bambussprossen abtropfen lassen und fein schneiden.
◆ Die Currypaste in Öl dünsten. Die Kokosnussmilch beifügen und aufkochen. Das Gemüse dazugeben und zugedeckt bei kleiner Hitze knapp weich garen. Die Zitronenblätter fein schneiden, zugeben und das Gemüse mit der Sojasauce, dem Zucker und Chili abschmecken. Basilikumblättchen darüberstreuen.

Gemüse-Chili

750 g gemischte Peperoni, z.B. Corni di bue und Cecei
1–2 grüne Chili
1–2 Süsskartoffeln, geschält
2 Bundzwiebeln
2 Knoblauchzehen
Olivenöl zum Dünsten
1–2 TL Cayennepfeffer
1–2 TL gemahlener Koriander
1 TL gemahlener Kreuzkümmel
1 Dose geschälte, gehackte Tomaten (ca. 400 g)
300 g gekochte rote Bohnen aus der Dose, abgetropft
1 EL Limonensaft
Salz, Pfeffer
Koriander

◆ Die Peperoni/Paprika und Chili entkernen (Küchenpraxis Seite 15) und in breite Streifen schneiden. Die Kartoffeln in Würfel schneiden. Zwiebeln und Knoblauch fein hacken und in Öl glasig dünsten. Peperoni/Paprika, Chili und Kartoffeln beifügen und mitdünsten. Die Gewürze darüberstreuen, die Tomaten samt Saft dazugeben und das Gemüse zugedeckt bei kleiner Hitze 30 Minuten köcheln lassen.
◆ Die Bohnen beifügen. Mit Limonensaft, Salz und Pfeffer abschmecken. Offen etwas einkochen lassen. Mit Korianderblättchen bestreuen und sofort servieren.
◆ Dazu passt Guacamole (Rezept Seite 20).

Varianten:
Statt Süsskartoffeln kleine Raclettekartoffeln verwenden. Rote durch weisse oder grüne Bohnen (Hülsenfrüchte) oder Maiskörner ersetzen.

Hot Sorbet

Zum Aperitif

- 2 orange oder rote Peperoni/Paprika
- 1 Stengel Stangensellerie
- 3 EL Chilisauce
- 100 ml Tomatensaft
- 5 ml Wodka
- 1 Zitrone, Saft
- 2–3 Thai-Chili, fein geschnitten
- Worcestershiresauce
- frisch gemahlener schwarzer Peffer
- Salz
- einige kleine Selleriestangen und Zitronenschnitze

◆ Die Peperoni/Paprika auf dem Herd rösten (Küchenpraxis Seite 16) und enthäuten. Den Stangensellerie in feine Streifen schneiden. Mit Chilisauce und Tomatensaft im Mixer pürieren. Wodka, Zitronensaft, Chili, Worcestershiresauce und Pfeffer beifügen, weitermixen. Mit Salz abschmecken. In der Eismaschine gefrieren.
◆ Zum Servieren Kugeln formen. Mit Selleriestangen und Zitronenschnitzen garnieren.

Rum-Ananas

- 2–3 Ancho-Chili (getrocknete Poblano)
- 300 ml weisser Rum
- 1 reife Ananas

◆ Die Ancho-Chili im Rum zugedeckt 1–2 Tage quellen lassen.
◆ Kurz vor dem Servieren die Ananas schälen, halbieren und den holzigen Strunk entfernen. Das Fruchtfleisch in mundgerechte Stücke schneiden. Mit dem leicht scharfen Rum beträufeln.

Variante:
Ananas mit reifen kleinen Bananen oder Kaktusfeigen mischen.

«Heisse» Kokosglace

- 6–10 Ornamentals oder 1 Rocoto-Chili
- 1 Dose Kokosnussmilch (400 ml)
- 100 g gemahlener Rohzucker
- 2 Limonen, abgeriebene Schale und Saft
- 2 Eiweiss
- 2 EL gemahlener Rohzucker

◆ Die Chili entkernen (Küchenpraxis Seite 15) und sehr fein hacken.
◆ Die Kokosnussmilch mit dem Zucker unter Rühren erwärmen, bis der Zucker aufgelöst ist. Auskühlen lassen. Chili, Limonenschale und Limonensaft daruntermischen. Das Eiweiss steif schlagen. Den Zucker einrieseln lassen und weiterschlagen, bis die Masse glänzt und sehr steif ist. Locker unter die Kokosmasse heben. In der Eismaschine gefrieren.
◆ Passt als Dessert zu thailändischen Gerichten.

«Heisse» Kokosglace Bild gegenüber.

Süss-pikante Birnen

4 reife Birnen, z.B. Williams
200 ml Rahm

Sirup:
2 rote Cherry-Peppers (Trottolini)
100 g Akazienhonig
200 ml Wasser
1 Zitrone, abgeriebene Schale und Saft
½ TL farbiger Pfeffer, grob zerstossen
2 Nelken
1 kleines Stück Ingwerwurzel, gerieben

◆ Für den Sirup die Cherry-Peppers entkernen (Küchenpraxis Seite 15) und in feine Streifen schneiden. Mit dem Honig, dem Wasser, der Zitronenschale, etwas Zitronensaft und den Gewürzen 5 Minuten köcheln lassen.
◆ Die Birnen schälen, den Stiel dran lassen. Mit dem restlichen Zitronensaft bepinseln. In den Sud geben und unter Wenden 15–20 Minuten (je nach Reifegrad der Birnen) knapp weich garen.
◆ Die Birnen herausnehmen. Den Sirup zur Hälfte einkochen und über die Birnen giessen.
◆ Den Rahm flaumig schlagen und dazu servieren.

Hot nuts

1 Eiweiss
1 EL Wasser, lauwarm
500 g Nüsse, z.B. Cashews oder eine Mischung
1 EL Rohzucker
2 TL Chiliflocken
2 TL gemahlener Kreuzkümmel
2 TL Salz

◆ Das Eiweiss mit dem Wasser verquirlen. Die Nüsse darin wenden. In ein Sieb geben und abtropfen lassen.
◆ Den Zucker mit den Chiliflocken, dem Kreuzkümmel und Salz mischen. Mit den Nüssen vermengen. Auf einem mit Backpapier ausgelegten Blech in der Mitte des auf 225 Grad vorheizten Backofens 10 Minuten backen. Im ausgeschalteten Backofen 5 Minuten nachrösten. Lauwarm servieren.

Variante:
Knapp gekochte Kichererbsen auf die gleiche Art zubereiten.

Hellish Margarita

◆ Jalapeños längs halbieren und in Tequila mindestens 3 Tage ziehen lassen.
◆ Für Margaritas verwenden.

Hot Martini

◆ Einen eingelegten Peperoncino in ein Glas geben. Dry Martini mit Eis im Shaker gut schütteln. Ins Glas giessen und einen Spritzer Wodka dazugeben.

Hot Martini

Rezeptverzeichnis

In derselben Reihe sind bisher erschienen:

Julie Landis-Sager
Zucchini Zucchetti
Die besten Rezepte

Alle Jahre wieder quellen im Sommer Gemüsegarten und Marktstände über von Zucchini und Zucchetti! In über 100 Rezepten – roh als Salat, gekocht und püriert als Suppe, gedünstet, geschmort, gebraten, gegrillt und gebacken – beweist dieses Gemüse seine nahezu unerschöpfliche Vielseitigkeit und Wandlungsfähigkeit.

Karin Messerli
Rucola, Bärlauch, Löwenzahn
Die besten Rezepte

Rucola, Bärlauch und Löwenzahn gehören zu den ersten kulinarischen Boten des Frühlings. Sie wecken die Lebenskräfte, bringen den Körper in Schwung und bereichern unsere Speisen mit ganz unterschiedlichen Geschmacksnuancen. Über 50 Rezepte zeigen, wie die zarten Kräuter am besten für Salate, Suppen, Gemüsegerichte, zu Fleisch und Fisch, in Teigwaren und Risotti einzusetzen sind. Ergänzt durch eine Warenkunde und Tips zur Küchenpraxis.

Annemarie Wildeisen
Mozzarella
Die besten Rezepte

Mozzarella ist weit mehr als nur der klassische Pizzakäse. Sein frisches Aroma eignet sich hervorragend für leichte, appetitanregende Salate und Vorspeisen. Mit seiner zartschmelzenden Konsistenz ist er ideal zum Überbacken von Gemüse-, Teigwaren- und Fleischgerichten, und dank seiner Vielseitigkeit verbindet er sich aufs beste mit Kartoffeln, Mais, Brot und Eiern. Mit 50 Rezepten und einer Anleitung für hausgemachten Mozzarella.

Jacqueline Fessel und Margrit Sulzberger
Getreide
Die besten Rezepte

Kernige Körner für gesundheitsbewusste Geniesser! Getreide ist ein Grundbestandteil jeder gesunden Ernährung und muss keineswegs langweilig und hausbacken sein. Entdecken Sie eine Vielfalt an attraktiven Gerichten mit Weizen, Gerste, Roggen, Hafer, Hirse, Reis, Mais und Buchweizen.

Verena Krieger
Pflanzlich binden und gelieren
Die besten Rezepte mit Agar-Agar, Kuzu und Marantamehl

Pflanzliche Gelier- und Bindemittel sind nicht nur unbedenklich, sondern gesund und damit eine echte Alternative zur herkömmlichen Gelatine. Verena Krieger, die bekannte Fachfrau für Ernährung und erfolgreiche Kochbuchautorin, präsentiert hier eine Fülle von Vorschlägen für Terrinen, Mousses, Cremen und Flans.

AT Verlag